사회는 쉽다!

★초등학교 교과서와 함께 봐요!

사회 5-1 2. 인권 존중과 정의로운 사회
사회 6-1 1. 우리나라의 정치 발전

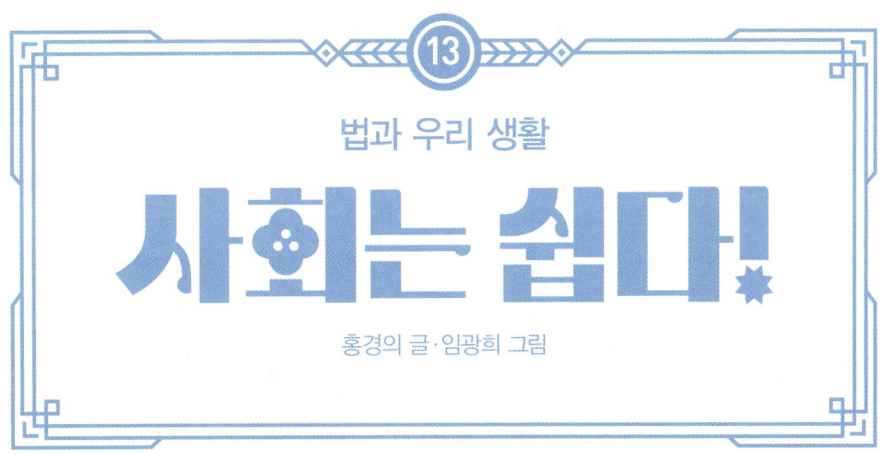

차례

1 법은 왜 필요할까? 사회 규범과 법

규칙 없는 보드게임 • 8   어느 사회나 규칙이 필요해! • 14
우리는 얼마나 많은 규칙 속에서 살고 있을까? • 16
법과 도덕은 어떻게 다를까? • 18   정의로운 사회에서 모두가 행복하도록 • 20
법은 사회에서 어떤 역할을 할까? • 22

더 알아보기 법과 법률의 차이는 뭘까? • 24
알쏭달쏭 낱말 사전 • 26   도전! 퀴즈 왕 • 30

2 권리는 주장하고 의무는 지켜야지! 사회권의 탄생과 성장

법이 가장 소중하게 여기는 인권! • 32   인간이라면 당연히 갖는 권리 • 34
자유롭고 평등하게! • 36   더불어 살아가는 우리 • 38
인권을 위해 노력한 사람들 • 40   생활 속에서 인권을 위해 무엇을 할까? • 42

더 알아보기 국민 스스로 지켜야 할 약속, 의무 • 44
알쏭달쏭 낱말 사전 • 46   도전! 퀴즈 왕 • 50

3 생활 속에서 법 찾기! 일상생활과 법

가족 관계에도 법이 적용될까? • 52 학교생활 곳곳에도 법은 있다? • 54
놀이터와 학원에서도 만나는 법 • 56
다른 사람의 글, 사진, 그림을 사용해도 될까? • 58
인터넷 세상에서도 지킬 건 지키자 • 60 인터넷 게임에도 법이 적용될까? • 62

더 알아보기 권리와 권리가 부딪히면 어떻게 해야 할까? • 64
알쏭달쏭 낱말 사전 • 66 도전! 퀴즈 왕 • 70

4 법을 적용한 공정한 재판 재판과 인권

재판은 왜 필요할까? • 72 여러 가지 재판 • 74
재판 과정과 재판에 등장하는 사람들 • 76 억울한 사람은 없어야지 • 78
잘못된 판결이 되지 않도록 • 80

더 알아보기 법을 다루는 국가 기관과 직업 • 82
알쏭달쏭 낱말 사전 • 84 도전! 퀴즈 왕 • 88

5 살아 움직이는 법 시민 참여와 법의 변화

입법에 참여하고 싶다면? • 90 애써 만든 법을 고쳐야 한다면? • 92
아예 없어진 법도 있을까? • 94
국제 관계의 변화에 맞춰 달라지는 법 • 96
미래에 만날 새로운 법 • 98 우리 모두 법의 수호자 • 100

더 알아보기 나도 법을 만들 수 있을까? • 102
알쏭달쏭 낱말 사전 • 104 도전! 퀴즈 왕 • 108

①
법은 왜 필요할까?
사회 규범과 법

규칙 없는 보드게임

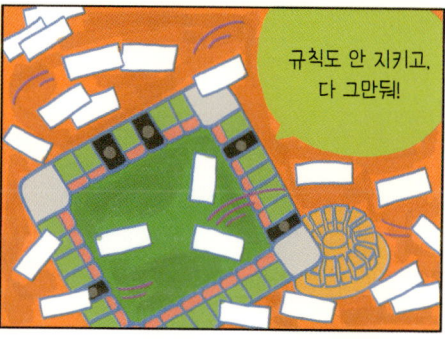

어느 사회나 규칙이 필요해!

　규칙을 무시하고 보드게임을 하던 로아와 준이는 질서가 무너졌을 때 해결할 방법이 없어서 계속 다투기만 했어. 이렇게 게임 세계에도 규칙이 필요한 것처럼 사회에도 규칙이 필요해. 사회의 규칙은 사회 구성원이 뜻을 모아 정한 약속이야. 그럼 사회에서 규칙은 왜 필요한 걸까?

　2019년 말부터 퍼지기 시작한 코로나19 바이러스로 전 세계는 큰 혼란에 빠졌어. 삽시간에 바이러스가 번지며 많은 사람이 죽었지. 이렇게 전 세계로 빠르게 퍼지는 감염병은 처음이라 모두 어떻게 대처해야 할지 몰랐어.

우리나라도 마찬가지였지. 감염병을 막아 줄 마스크를 사기 위해 사람들은 새벽부터 마트와 약국으로 몰려들었어. 당연히 마스크는 부족해졌고 가격은 엄청나게 올랐어.

이 혼란을 가라앉히기 위해 우리 사회는 규칙 하나를 만들었어. 태어난 해에 따라 정해진 요일에 마스크를 살 수 있도록 한 거야. 가격과 개수도 일정하게 정해 놓았지. 그 뒤로 비교적 쉽게 마스크를 구할 수 있게 되자 사람들이 마스크를 사려고 한꺼번에 몰려드는 일이 줄어들었어.

이렇게 규칙은 우리에게 꼭 필요해. 그래서 사람들은 어떻게든 여러 사람에게 좋은 규칙을 만들고 잘 지키려고 노력하고 있어.

우리는 얼마나 많은 규칙 속에서 살고 있을까?

눈에 보이지는 않지만 우리는 많은 규칙 속에서 살고 있어. 어떤 규칙들이 있을까? 코로나19 바이러스가 빠르게 번지는 상황에서 버스에 탄 로아를 따라가 보자.

버스 정류장에서 로아는 마스크를 단단히 고쳐 썼어. 대중교통을 이용할 때 마스크를 꼭 써야 한다는 규칙에 대해 알고 있었거든. 버스가 도착하자 로아는 기사님에게 "안녕하세요." 하고 인사를 했어. 기사님도 웃으며 인사했지. 다리가 아팠던 로아는 비어 있던 노약자석에 앉았어. 얼마 안 가 버스에 다리가 불편해 보이는 할아버지가 타자 얼른 자리에서 일어났지.

그런데 어느 정류장에서 마스크를 쓰지 않은 사람이 버스에 타려고 했어. 기사님은 마스크를 쓰고 타라고 말했어. 그 사람은 깜빡했다면서 잘 가릴 테니 그냥 태워 달라고 했어. 기사님은 규칙 때문에 안 된다면서, 그 사람을 태우지 않고 출발했어.

이 이야기 속에 나오는 것처럼 우리 사회에는 다양한 규칙이 있어. 이렇게 사회 구성원이 다 같이 지키기로 한 규칙을 사회 규범이라고 해. 사회 규범에는 도덕, 종교 규범, 관습, 법 등이 있어. 이러한 규범들은 사람들에게 행동의 기준이 되어 사회 질서를 유지하고 사람들끼리 조화롭게 살 수 있게 해.

법과 도덕은 어떻게 다를까?

우선 법과 도덕을 비교해 보자. 법은 국가의 구성원인 국민 스스로 이것만큼은 반드시 지키기로 약속한 규범이야. 법을 어긴 국민은 법에 따라 처벌받을 수 있어. 반면에 도덕은 양심에 맡겨 옳고 그름을 판단하고 행동하는 기준이야. 스스로 지킬지 말지 판단하고, 지키지 않아도 강제로 처벌받지 않는다는 게 법과 다른 점이지.

앞에서 들려준 로아 이야기를 다시 떠올려 보자. 로아가 버스에 탈 때 기사님에게 인사를 하면 기사님의 기분이 좋겠지만, 인사를 안 한다고 벌금을 내지는 않아. 그리고 다리가 불편한 어르신에게 자리를 양보 안 했다고 해서 처벌받진 않지. 이런 건 각자 양심에 맡기는 '도덕'에 해당하는 일이기 때문이야.

하지만 감염병이 번지는 상황에서 마스크를 쓰지 않고 버스에 타려는 손님의 경우는 어떨까? 단지 예의 없다고 비난하는 걸로는 부족해. 버스에 타고 있던 다른 사람들의 건강을 해칠 수 있기 때문이지. 이런 경우 기사는 규칙을 어긴 손님이 버스

　에 못 타도록 막을 수 있어. 코로나19 유행 시에는 마스크 없이 대중교통을 이용할 수 없다는 '법'이 있었기 때문이야.

　법과 도덕이 어떻게 다른지 알겠지? 법은 **제재**가 있는 엄격한 사회 규범이라서 해야 할 일과 하지 말아야 할 일이 명확하게 정해져 있어.

정의로운 사회에서 모두가 행복하도록

사회에는 왜 이렇게 강력한 법이 있을까? 우리를 겁주고 혼내려는 걸까? 지금부터는 법이 어떤 목적으로 만들어졌는지 이야기해 볼게.

민수네 반의 고민을 좀 들어 봐. 법의 목적을 아는 데 도움이 될 거야. 체육 대회에서 1등을 한 민수네 반은 상으로 피자 한 판을 받았어. 어떻게 나누어 먹으면 좋을까?

먼저, 민수네 반 아이들이 1등을 하는 데 도움이 된 친구들만 피자를 먹는 것이 옳다고 생각했다 하자. 모두가 그렇게 하자고 결정했다면 법의 기준에서는 옳은 일을 한 거야. 법에서는 사회 구성원이 각자의 몫을 정당하게 받았다면 '정의롭다.'라고 이야기하거든.

그런데 민수네 반 아이들이 각자 피자를 조금씩 먹더라도 더 많은 아이들과 함께 먹기로 정했다고 치자. 아파서 응원조차 하지 못한 친구에게도 피자를 나눠 주기로 했다면, 법에서는 **공공복리**를 생각한 결정이라고 이야기해. 공공복리는 사회 구성원 전체에게 돌아가는 복지를 말하는 거야.

　민수네 반의 고민은 법이 어떤 방향으로 나아갈지 정하는 사회의 고민과 꼭 닮았어. 각자의 몫을 옳게 정하는 **정의**의 실현과 모두가 행복한 삶을 누리는 것! 이 둘을 조화롭게 이루는 것이 우리 법의 목적이기 때문이지.

법은 사회에서 어떤 역할을 할까?

법이 정의와 공공복리를 실현하기 위해서 있다면, 그 목적을 잘 이루고 있을까? 사회에서 법은 어떤 역할을 할까?

법은 개인의 권리를 보장해 줘. 어떤 행동은 해도 되고 어떤 행동은 법적으로 문제가 되는지 법이 명확하게 알려 줘서 사람들끼리 **권리 침해** 하지 못하도록 해. 그러면 분쟁을 미리 막을 수 있거든. 누구나 안심하고 법대로 행동하면 되는 거지.

그런데도 분쟁이 생기면 어떡하냐고? 법대로 공정하게 문제를 해결할 수 있지. 우리의 생명이나 자유, 재산, 정보 같은 권리를 법으로 정해 놓았기 때문이야. 따라서 다른 사람이나 국가에 의해 권리가 침해되었을 때 법에 근거하여 권리를 회복할 수 있어.

법은 사회 질서를 유지해 주는 역할도 해. 사고나 범죄로부터 사람들을 보호하고 안전하게 살아갈 수 있도록 해 주지. 교통 법규로 교통사고를 예방하거나 환경 법규로 환경 파괴와 오염을 예방하는 등 우리 사회 곳곳에서 역할을 다하고 있어.

더 알아보기

법과 법률의 차이는 뭘까?

'법'과 '법률'은 같은 말일까? 흔히 법과 법률을 혼용하지만 둘은 구별해야 해. 법률은 법의 한 종류거든. 그럼 법에는 어떤 종류가 있는지 살펴보자.

우리나라 최고의 법, 헌법

헌법은 우리나라의 가장 기본이 되는 법이야. 대한민국이 민주 공화국이고 나라의 모든 권력은 국민에게서 나온다는 통치 이념을 담고 있어. 또한 국민의 기본권과 국가 기관이 어떤 일을 담당하는지를 정하고 있어.

법치 국가의 근거, 법률

법률은 국회에서 논의하고 결정해서 만들어. 국회만이 만들고 고칠 수 있지. 국민의 권리와 의무, 국민의 권리를 제한하는 세금이나 형벌에 관해서는 반드시 법률로 정해야 해.

행정 기관이 만드는 법, 명령·조례·규칙

명령은 대통령이나 장관 같은 행정 기관이 법률의 형식에 따라 제정한 법이야. 대통령령, 총리령, 부령이 이에 속해. 조례는 지방 자치 단체에서 제정하는 자치 법규지. 행정 규칙은 법원, 국회, 정부 등 국가 기관이나 시, 도, 군 같은 지방 자치 단체에서 정하는 지침을 말해. 모두가 법, 우리가 사회에서 지키기로 한 약속이지.

법에도 순서가 있어!

법은 '헌법, 법률, 명령, 조례, 규칙'의 순서로 위아래가 정해져 있어. 아래 그림에서처럼 위의 법이 아래의 법보다 먼저 적용되고 아래의 법은 위의 법을 위반해서는 안 돼. 그래서 헌법을 위반한 법률이나 명령, 조례, 규칙은 효력이 없어. 아래 법인 법률이 위의 법인 헌법을 위반했는지는 헌법 재판소에서 판단해. 여러 법이 서로 순서를 지켜 적용되고 서로 모순되지 않도록 국가 기관은 법을 잘 만들고 살펴보고 있어.

⭐ 알쏭달쏭 낱말 사전

감염병

세균이나 바이러스, 곰팡이 등이 사람이나 동물의 몸속에 들어와 수를 늘려 병에 걸리는 것을 말해요. 전염병이라고도 하지요. 사람들 사이에서 쉽게 퍼질 수 있기 때문에 전 세계 국가는 감염 속도나 위험도에 따라 법을 만들어 감염병을 관리하고 있어요.

코로나19 바이러스 검사 결과를 확인하는 모습이에요. 검사를 통해 감염병이 얼마나 퍼지고 있는지 통계를 낼 수 있어요.

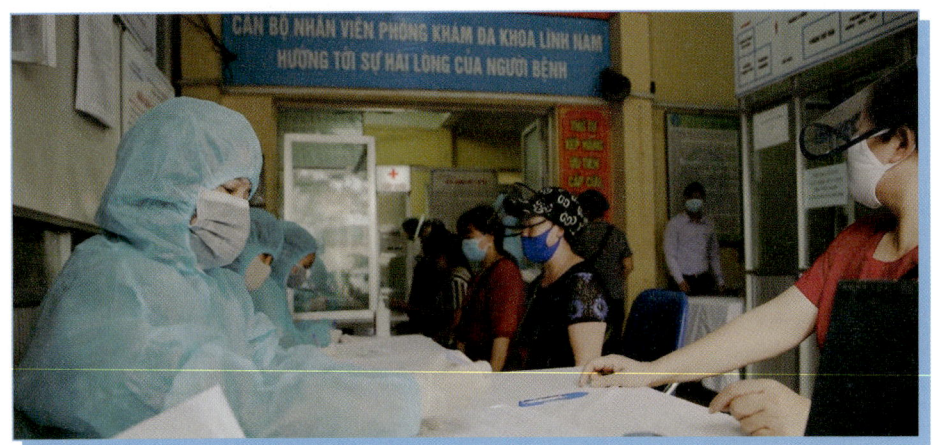

공공복리

공공복리는 공공복지라고도 불러요. 사회 구성원 전체의 행복할 권리가 채워질 때 이루어질 수 있지요. 따라서 우리나라는 국민의 인간다운 삶, 행복한 삶을 위한 다양한 제도를 갖추고 있어요.

노인 종합 복지관에서 어르신들이 악기 연주를 배우는 모습이에요. 각 지방 자치 단체는 시민들의 복지를 위해서 식당, 도서관, 운동 시설 등 다양한 시설과 프로그램을 마련하고 있어요.

관습

한 사회에서 오랫동안 지켜 온 질서나 풍습을 이야기해요. 예부터 행하던 일이라 대부분의 사람들이 알기 때문에 한 사회 안에서 구성원끼리 연결된 느낌을 줘요. 시대에 따라 나라에 따라 관습은 달라질 수 있지요.

인도의 전통 혼례와 우리나라 전통 혼례 모습이에요. 이처럼 관습은 나라마다 다르지요. 오늘날에도 전통 혼례를 하는 사람들이 많지만 옛 풍습 그대로 따르기보다는 오늘날 분위기에 맞게 바꿔서 하기도 해요.

권리 침해

누구나 자신의 권리를 주장할 수 있어요. 그런데 다른 사람의 정당한 권리를 빼앗거나, 함부로 사용하거나, 정당한 권리 행사를 못 하게 방해하는 경우가 있어요. 그럴 때 '권리가 침해되었다.'라고 말해요. 권리 침해되었을 때에는 법의 도움을 받을 수 있답니다.

아동 학대는 심각한 권리 침해 중 하나예요. 아동 학대뿐 아니라 모든 언어폭력과 신체 폭력은 권리를 침해하는 행동이에요.

정의

옳은 것, 바른 것이라고 할 수 있어요. 사회를 구성하고 유지하는 개인 사이에서 갖추어야 할 올바른 도리예요. 법이 추구하는 가장 중요한 이념이에요.

그리스 신화에 나오는 법과 정의의 여신 아스트라이아의 모습을 동상으로 만든 거예요. 공정함을 뜻하는 저울과 사회 질서를 바로잡는다는 뜻인 칼을 들고 있어요. 눈을 가린 건 옳고 그름을 가리는 데 편견을 갖지 않겠다는 뜻이에요.

대한민국 법원의 상징은 정의의 여신 모습을 활용해 만들었어요.

제재

국가가 법을 위반한 사람에 대하여 처벌이나 금지하는 걸 말해요. 사회적으로 바람직하지 않은 행동에 대해 다시 그러한 행동을 하지 않도록 법이 정한 대로 벌칙을 주거나 그 행동을 하지 못하게 막는 거예요.

어린이 보호 구역에 차를 주차하는 일은 불법이에요. 법에 따라 과태료를 부과하고 차량을 이동하도록 단속하지요.

종교 규범

일정한 종교를 믿는 사회에서 지켜야 할 규범을 이야기해요. 법은 국가가 강제하는 타율적인 규범이지만, 종교 규범은 특정 신을 믿는 신자들이 스스로 지키는 자율적 규범이에요. 인도에서 소고기를 먹지 않는 것은 소를 신성한 존재라고 믿는 힌두교의 종교 규범 때문이지요.

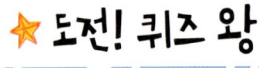 **도전! 퀴즈 왕**

다음 내용을 잘 읽고 빈칸에 알맞은 단어를 써 보세요.

1. _____은 사회가 사회 구성원에게 지키기를 바라는 규칙이에요.

2. _____은 지킬 것인지 스스로 판단하고, 지키지 않았을 때에는 양심에 찔리는 것 말고는 다른 처벌은 없어요.

3. _____은 사람들이 반드시 지키도록 국가가 나서서 강제해요. 어기면 _____을 받을 수도 있지요.

4. 법이 추구하는 두 가지 목적은 _____와 사회의 _____를 실현하는 것이에요.

5. _____은 우리나라의 가장 기본이 되는 법이에요. 대한민국이 민주 공화국이고 나라의 모든 권력은 국민에게서 나온다는 통치 이념을 담고 있어요. 또한 국민의 기본권과 국가 기관이 어떤 일을 담당하는지를 정하고 있어요.

정답: 1. 사회 규범 2. 도덕 3. 법, 처벌 4. 정의(공공복리), 공익 5. 헌법

②
권리는 주장하고 의무는 지켜야지!

사회권의 탄생과 성장

법이 가장 소중하게 여기는 인권!

우리 사회의 정의를 실현하기 위해 법이 가장 소중히 여기는 것이 바로 **인권**이야. 사람은 태어나면서부터 존엄한 존재로 당연히 인권을 갖지.

존엄한 우리가 당연히 누리는 인권이라니? 너무 애매한 것 아니냐고? 그렇다면 헌법에서 인권을 어떻게 이야기하고 있는지 살펴보면 좋겠어.

인권을 알아보는 데 왜 하필 헌법을 봐야 할까? 헌법은 나라

의 근본이 되는 법이야. 그래서 주권자인 국민의 권리에 관해 명확하게 규정하고 확실히 보장하려고 해. 이렇게 헌법이 담고 있는 인권을 기본권이라고 불러. 그래서 헌법의 기본권을 보면 인권에 관해 구체적으로 알 수 있어.

그렇다고 기본권에 있는 내용이 인권의 전부는 아니야. 인권은 사람이기 때문에 당연히 가지는 권리이니까 더 많은 내용을 포함하고 있어. 그러니 기본권으로 규정되어 있지 않더라도 다른 사람의 인권을 침해해서는 안 돼. 그러면 지금부터 헌법에서 보장하고 있는 권리에는 어떤 것이 있는지 알아보자.

인간이라면 당연히 갖는 권리

헌법에서 국민에게 가장 중요한 조항을 고른다면 어떤 걸까? 그건 바로 헌법 제10조일 거야.

모든 국민은 인간으로서의 존엄과 가치를 가지며, 행복을 추구할 권리를 가진다.

인간은 태어나면서부터 가치 있는 존재로서 그 인격이 존중되어야 하고, 자신이 바라는 행복한 삶을 누릴 권리가 있다는 말이야. 왜 이 권리가 가장 중요하냐고? 이 조항은 자유와 평등, 사회권 등 다른 여러 기본권의 출발점이 되기 때문이야.

또 보호되어야 하는 권리인지 아닌지 판단할 때 인간의 존엄과 가치, 행복할 권리에 비추어 판단하기도 해.

예를 들면 햇빛을 쬐거나, 휴식을 취하고, 노래를 부를 권리를 정한 법은 없어. 하지만 사람은 누구나 햇빛을 적당히 받고 휴식을 취해야 행복하지. 또 남에게 피해를 주지 않는 한 노래를 부르고 싶다면 부를 수 있어야 할 거야. 만약 누군가 이런 권리를 막으면 헌법 10조 인간의 존엄과 가치 및 행복할 권리에 비추어 그러지 말라고 주장할 수 있어.

이 권리가 적용된 실제 사례도 있어. 누가 봐도 이상하게 지어진 이름 때문에 불행해하는 사람이 이름을 바꾸려고 개명을 신청한 경우야. 이때 법원은 '행복할 권리'에 비추어 개명을 허가했어.

이렇게 인간의 존엄과 가치 및 행복할 권리는 막연한 권리가 아니라 일상생활에서도 존중되는 항상 잊지 말아야 할 기본권이야.

자유롭고 평등하게!

헌법은 자유롭고 평등하게 살아갈 권리에 대해서도 이야기하고 있어.

인간이라면 누구나 자유롭게 살아갈 권리가 있어. 자유롭게 살 권리에는 몸에 대한 권리도 포함되어 있어. 그래서 사람을 함부로 묶거나 가두면 안 돼. 다른 친구의 몸이나 가방을 붙잡아 못 가게 하면 학교 폭력이 되는 이유는 바로 몸에 관한 권리를 침해하기 때문이야.

누구나 양심대로 행동하고 원하는 종교도 가질 수 있어. 사생활의 비밀을 지킬 자유가 있고, 자유롭게 직업을 선택할 수 있

어. 자유롭게 자신의 의견이나 생각을 말이나 글로 표현할 수 있고, 누구나 어떤 목적을 위해 집회를 열어 서로 의견을 나눌 수 있어. 재산을 소유하고 그걸 어떻게 이용할지 정하는 것도 마음대로 할 수 있어.

또한 우리는 모두 평등한 존재라서 어떤 이유로도 차별받지 않아. 남자든 여자든, 어떤 종교를 믿든, 어떤 피부색을 가졌든, 어떤 직업을 가졌든, 장애가 있든 모두 평등하지. 그래서 모든 국민은 성별이나 장애 등으로 차별받지 않고 능력에 따라 교육받을 권리가 있어.

그러니 피부색이 다르다는 이유로 놀이에 끼워 주지 않는 등 차별하는 행동을 해서는 안 되겠지? 헌법이 보장하는 가장 기본적인 권리이니까.

더불어 살아가는 우리

사람들은 생활에 필요한 것들을 얻기 위해 일해서 돈을 벌어. 그런데 돈이 없어서 생활이 어렵거나 몸이 아파 일을 할 수 없는 사람은 어떨까? 누군가 돈이 없어서 공부를 포기하고, 병을 치료할 수 없어도 괜찮을까? 법이 인권을 소중히 여긴다고 해 놓고 이런 사람들을 외면하면 말뿐인 법이 되는 거잖아.

그래서 대한민국 헌법은 '더불어 사는 우리'를 원해. 사회적, 경제적으로 약자의 위치에 있는 사람을 보호하고, 모든 국민이 최소한으로 인간다운 생활을 할 수 있도록 보장하고 있어. 이를 **사회권**이라고 해.

헌법에는 국민 누구나 일할 권리가 있다고 밝히고 있어. 특히 노동법을 통해 노동자가

너무 낮은 임금을 받고 일하거나 지나치게 오랜 시간 일하지 않도록 규정해 노동자를 보호하지. 또한 모든 국민이 교육받을 기회를 잃지 않도록 헌법으로 보장하고 있어.

늙고 병들거나 장애가 생겨 어려운 처지에 있는 사람들을 위해 국가는 **사회 보장 제도**를 두어야 해. 또 여러 가지 이유로 생활이 어려운 사람들을 국가가 나서서 돕도록 헌법이 정하고 있어.

건강하고 쾌적한 환경에서 생활할 권리인 **환경권**은 지금 세대뿐만 아니라 미래 세대에게도 중요한 권리야. 지구의 공기와 물은 국경이 없어서 지구 환경 보전을 위해 세계 모든 나라가 힘을 모아야 해. 온 세계가 더불어 살아가는 세상인 거야.

인권을 위해 노력한 사람들

인권이 무너지면 모든 것이 무너진다는 말이 있어. 인권 침해가 심하면 국가마저 위태로워지기도 하니까 나온 말이야. 그 소중함을 알고 인권을 위해 노력한 사람들이 많았단다.

엄격한 신분 제도가 있던 조선 시대에도 백성의 인권을 위한 노력이 있었어. 태종은 백성들이 억울함을 호소할 수 있도록 궁궐 앞에 신문고라는 북을 설치했어. 정조 때에는 격쟁이라는 제도도 있었어. 격쟁은 궁궐 밖으로 행차하는 왕에게 백성이 징이나 꽹과리를 쳐서 억울한 일을 털어놓을 수 있게 한 제도야.

일제 강점기에 독립운동가들은 임시 정부 헌법에 기본권 규정을 두어 일본에 의해 차별받고 억압받는 우리나라 사람들의 인권을 법으로 보장하고자 했어. 어린이날을 정하고 어린이 보호 운동을 전개한 방정환도 인권을 위해 노력한 인물이야.

또한 우리나라 최초 여성 변호사인 이태영은 1950년대부터 여성 법률 상담소를 세워 가난하고 억압받는 여성들에게 무료 상담을 해 주었어. 성별에 따라 재산을 다르게 물려주는 등 남녀를 차별하는 내용이 들어 있던 가족법을 고치기 위해 애썼어.

다른 나라에도 인권을 소중히 여기며 인권의 가치를 높이기 위해 노력한 경우가 많아. 약 250년 전에 프랑스 시민들은 프랑스 혁명을 일으켜 인권 보장 역사의 문을 열었다고 할 수 있어. 그 뒤로도 많은 사람이 가난한 이들을 위한 사회권, 여성이 투표할 수 있는 참정권을 위해 싸웠어. 또 흑인에게 인종 차별 없는 세상이 되도록 엄청난 노력을 기울였지.

생활 속에서 인권을 위해 무엇을 할까?

인권을 보호하는 일들은 생활 속에서도 쉽게 찾아볼 수 있어. 매일 보는 방송 프로그램에도 인권 보호를 위한 장치가 있다는 걸 알고 있니? 청각 장애인을 위한 수화 방송이 그중 하나야. 이건 청각 장애인들도 동등하게 뉴스 등 방송을 시청하고 내용을 잘 알 수 있도록 알 권리를 보장해 주는 일이야.

지하철에 마련한 임산부나 노약자를 위한 좌석, 휠체어 이용자를 위한 저상 버스를 운영하는 것도 평등을 위한 일이야. 몸이 불편한 사람도 자유롭게 이동할 수 있게 하기 위해서지.

학교에서는 어떨까? 학생들에게 인권 교육을 하고, 다문화 가족에 대한 편견을 없애고, 문화의 다양성을 존중하도록 교육하고 있어. 학교 폭력을 금지하는 일 또한 학생 인권이 철저히 보장되도록 노력하는 일들 가운데 하나야.

우리는 인권을 위해 무엇을 할 수 있을까? 무엇보다 친구끼리 존중하는 태도가 중요하겠지. 거짓되거나 남을 헐뜯는 댓글이나 행동, 친구의 비밀 노트나 휴대폰을 몰래 보는 행동, 친구를 놀리는 행동 등은 모두 인권을 침해하는 행동이야. 이런 행동을 하지 않으려 노력하는 것도 인권 보호를 위한 일이 될 수 있어.

인권 보장은 결코 거창한 것이 아니야. 작은 배려에서 시작되지. 일상생활에서 상대방을 존중하며 대화하고, 온라인에서도 바른 언어로 예의 바르게 행동하는 것이 인권 보호의 첫걸음이라는 걸 꼭 기억해 주길 바라.

더 알아보기

국민 스스로 지켜야 할 약속, 의무

헌법은 국민이 누릴 수 있는 권리만 인정하지 않아. 국민이 지켜야 할 의무도 이야기하고 있어. 의무는 국민으로서 책임을 다하는 행동이야. 국민이 의무를 잘 지키고 실천해야 원활하게 나라가 운영될 수 있어. 권리와 의무는 동전의 양면과 같아서 권리를 주장하려면 반드시 의무가 뒷받침되어야 해. 그래야 더 당당하게 국가에 국민의 권리를 요구할 수 있는 거지. 헌법에 나오는 권리와 의무 모두 소중한 이유를 알겠지?

교육의 의무

모든 국민은 자녀가 잘 성장할 수 있도록 교육을 받게 할 의무가 있어. 교육은 헌법이 정한 기본권이면서 동시에 의무야. 그래서 모든 어린이는 일정 기간 학교에 가서 교육을 받을 수 있지.

근로의 의무

모든 국민은 개인과 나라의 발전을 위해 일할 의무가 있어. 동시에 누구나 자유롭게 직업을 선택하고 일할 수 있는 권리를 가지고 있지. 근로는 교육과 마찬가지로 권리이자 의무야.

노동은 권리이자 의무!

납세의 의무

모든 국민은 세금을 내야 할 의무가 있어. 세법 규정에 따라 우리 모두 세금을 내고 있어. 세금을 얼마만큼 내야 하는지는 누구나 알 수 있도록 법률로 정해 놓았어. 이렇게 거둔 세금으로 국가는 국민을 위한 일을 할 수 있는 재정을 마련하는 거야.

국방의 의무

모든 국민은 나와 가족, 우리 모두의 안전을 위해 나라를 지킬 국방의 의무가 있어. 군대에 가는 '병역 의무'가 여기 포함돼. 국민이 평화롭게 살기 위해 꼭 필요한 의무야.

환경 보전 의무

모든 국민, 기업, 국가는 환경을 보전하기 위해 노력해야 해. 쓰레기 분리배출을 하는 것은 환경을 깨끗이 유지해야 하는 환경 보전 의무를 실천하는 거야.

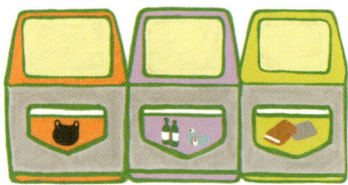

⭐ 알쏭달쏭 낱말 사전

기본권

자유권, 평등권, 참정권, 사회권, 청구권(107쪽 참고) 등과 같이 인간이 태어날 때부터 가지고 있는 기본적인 권리예요. 기본권이 꼭 지켜질 수 있도록 헌법이 보장하고 있지요.

코로나19 바이러스로 인한 팬데믹 속에서 취약 계층의 사회권을 보장하기 위한 대책을 정부에 요청하고 있어요.

사회 보장 제도

모든 국민이 최소한의 인간다운 생활을 누릴 수 있도록 하는 제도예요. 사회 보장에는 국가가 국민 스스로 건강한 삶을 살고, 노후에도 어려움이 없도록 보험에 가입하게 하는 사회 보험법이 있어요. 형편이 어려운 사람들이 의식주를 해결하고 기본적인 생활을 할 수 있도록 국가나 지방 자치 단체가 돕는 것도 사회 보장에 속해요.

국민 건강 보험은 국민들이 평소에 낸 보험료를 국가가 관리하다가 보험 서비스를 제공해 주는 사회 보장 제도예요.

인간의 존엄

사람은 존재 자체가 감히 범할 수 없을 정도로 높고 엄숙하다는 뜻이에요. 인간의 존엄을 바탕으로 한 인권을 헌법에 명시한 이유는 모든 법과 사회 질서에서 가장 중요하게 여겨야 할 부분이기 때문이에요.

교통사고가 자주 발생했던 초등학교 앞 횡단보도 근처에 설치한 옐로 카펫 모습이에요. 옐로 카펫은 국제 아동 인권 센터가 어린이의 보행 안전과 인권을 지키기 위해 만든 시설물이에요.

인종 차별

지구상에는 여러 인종이 뒤섞여 살고 있어요. 그런데 특정 인종에 대한 편견을 갖고 사회적으로 차별하고 불평등한 대우를 하는 경우가 있답니다. 이런 것을 인종 차별이라고 해요. 미국의 노예 제도나 남아프리카 공화국의 아파르트헤이트(인종 분리 정책) 등은 역사에 남아 있는 대표적인 인종 차별 정책이에요. 오늘날 인종 차별 정책들은 모두 사라졌지만 사람들의 의식에 남아 인종 차별적인 행동을 저지르는 사람도 있어요.

남아프리카 공화국의 아파르트헤이트를 폐지한 흑인 인권 운동가, 넬슨 만델라의 모습이에요. 남아프리카 공화국 최초의 흑인 대통령이기도 했지요.

주권자

주권은 국가의 의사를 최종적으로 결정하는 최고의 권력을 말해요. 우리 헌법은 '대한민국의 주권은 국민에게 있고, 모든 권력은 국민으로부터 나온다'라고 국민 주권의 원칙을 명백히 밝히고 있어요.

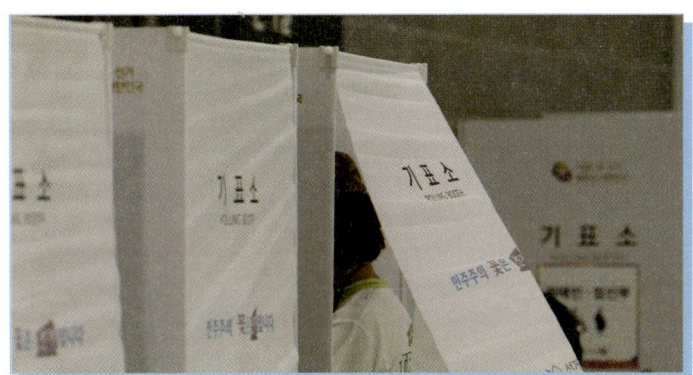

투표는 주권자인 국민이 직접적으로 주권을 행사할 수 있는 방법이에요.

집회

특정 목적을 가지고 여러 사람이 한 장소에 모여 함께 행동하는 걸 말해요. 민주주의 사회에서 집회는 시민이 목소리를 낼 수 있는 중요한 권리 중 하나예요. 우리나라는 집회의 자유를 헌법으로 보장하고 있지요.

우리나라에 거주하고 있는 외국인들과 시민들이 함께 우크라이나 전쟁에 반대하는 집회를 연 뒤에 도시를 행진하는 모습이에요. 거리 행진을 하거나 농성을 하는 시위 역시 집회의 한 종류랍니다.

 **도전! 퀴즈 왕**

다음 설명 중 바른 것을 모두 고르세요.

❶ 친구의 비밀 노트나 휴대폰의 내용을 몰래 본다든지, 거짓되거나 남을 헐뜯는 댓글을 다는 것, 친구를 놀리는 행동 등은 인권을 침해한 거예요.

❷ 방송 프로그램에서 청각 장애인을 위하여 수화를 내보내는 것은 평등 원칙이나 장애인들의 알 권리와 관련이 없어요.

❸ 대한민국 헌법에서는 사회적, 경제적 약자를 보호하고 모든 국민이 최소한의 인간다운 생활을 할 수 있도록 사회권을 보장하고 있어요.

❹ 모든 어린이는 일정 기간 학교에 가서 교육을 받을 수 있는 권리는 있지만 의무는 없어요.

❺ 의무는 국민으로서 책임을 다하는 거예요. 국민이 의무를 잘 실천해야 나랏일이 원활하게 운영될 수 있어요.

정답 ❶, ❸, ❺

③ 생활 속에서 법 찾기!

일상생활과 법

가족 관계에도 법이 적용될까?

법은 우리 삶 곳곳에 스며들어 있어. 사람이 태어나 자라서 자신의 가족을 이루고 세상을 떠나는 그날까지 말이야.

결혼을 한 뒤에 혼인 신고를 하거나, 아기가 태어나면 출생 신고를 하는 건 법으로 정해 두었기 때문이야. 또한 영유아 때 무료로 건강 검진을 받고, 어른이 되어 나이가 들수록 더 세밀하게 건강 검진을 받을 수 있도록 법으로 보장되어 있지.

자식이 없는 사람이 자녀를 입양한다든지, 이혼 등으로 부부가 함께 양육할 수 없는 경우에 누가 자녀를 양육할지도 법에 따라 정한단다. 세상을 떠난 가족이 있는 경우 그의 유산을 남은 가족들이 어떻게 나눌지에 관해서도 법은 세세하게 정하고 있어. 가족끼리 분쟁이 생겼을 때 참고할 수 있도록 말이야.

가족은 우리 사회를 구성하는 아주 중요한 공동체야. 그래서 헌법과 민법, 그리고 여러 다른 법에 가족에 관한 규정을 두었어. 사회의 가장 작은 공동체인 가정부터 잘 유지될 수 있게 법이 돕고 있는 거야.

학교생활 곳곳에도 법은 있다?

앞에서 헌법에는 누구나 교육을 받아야 할 의무와 권리가 있다는 이야기를 했어. 네가 자라는 동안 교육을 받을 곳, 학교에는 어떤 법이 있을까?

아침에 책가방을 메고 서둘러 학교로 향하는 길! 자동차들이 다른 도로보다 천천히 달리고 있지. 유치원이나 초등학교 주변에서는 자동차가 시속 30킬로미터 이내로 천천히 달리도록 도로 교통법으로 정하고 있거든.

또한 국민 건강 증진법에 의해 학교 건물이나 부속 건물, 운동장뿐만 아니라 어린이집과 유치원 근처에서는 흡연이 금지되어 있어. 등굣길이 상쾌한 이유가 다 법 덕분이야.

교문을 들어서는 순간, 짜잔! 무수한 법들이 기다리고 있다는 사실을 몰랐지? 수업 시간과 교육 과정은 초·중등 교육법에 따라 나이와 수준에 맞게 정해져 있어. 그리고 학교 보건법과 학교 급식법에 의해 물, 공기, 급식은 모두 위생적인 환경에서 제공해야 해. 안전하고 편안하게 학교생활을 할 수 있게 학교 폭력 예방 및 대책에 관한 것도 법률로 정하고 있단다.

대한민국 법은 어린이를 귀하게 여기고 있어. 누구나 학교에서 안전하고 건강하고 즐겁게 생활하면서 교육받을 권리가 있기 때문이야.

놀이터와 학원에서도 만나는 법

 학교 수업이 끝나면 주로 어디로 가? 곧장 집으로 가는 친구도 있고, 놀이터나 학원으로 가는 친구도 있을 거야. 우리가 자주 이용하는 놀이터와 학원도 법의 테두리 안에 있어.

 누구에게나 적당한 휴식은 행복하기 위해 꼭 필요해. 어른도 일할 때 반드시 휴식 시간을 가져야 하지. 특히 어린이에게 놀 권리는 정말 중요해. 놀이가 어린이에겐 공부이자 처음 만나는 세상이잖아.

 그래서 어린이 놀이터를 오래도록 막아 놓으면 심각한 인권 침해가 될 수 있어. 마을에서 일정 지역 안에는 반드시 어린이

놀이 시설이 있어야 한다는 규정도 있어. 안전을 위해 정기적으로 살펴서 고치는 것도 놓치지 말아야 해.

학원과 관련된 법도 있어. 늦은 시간에는 학원을 운영하지 못하도록 한 법 규정이 있는데, 이는 학생 인권 때문이야. 학원이 늦게 끝나면 학생들의 잠잘 시간과 휴식 시간이 줄어들어서 학생들의 육체적, 정서적 발달에 나쁜 영향을 주겠지. 이건 국민이 건강하게 살 권리를 보장하는 헌법에 어긋나기 때문에 학원법 규정이 생긴 거야.

법이 우리의 휴식까지 보장해 주니 든든하다고? 이처럼 법은 우리 생활 속에 깊숙이 들어와 있어.

다른 사람의 글, 사진, 그림을 사용해도 될까?

선생님이 글짓기 숙제를 내 주셨는데 아무리 생각해도 글이 안 써져. 인터넷을 찾아보니 딱 맞는 글이 있네. 조금 베껴 써도 모를 거라고 생각한 적 있어? 뭐, 선생님은 모르실 수 있겠지. 하지만 인터넷에서든 친구 것이든 숙제를 베껴서 냈다면 그건 남의 저작권을 침해한 거야.

저작권은 글, 음악, 게임, 프로그램 등 저작물에 관하여 그것을 만든 이가 갖는 권리를 말해. 저작권을 어떤 범위까지 어떻게 보호할지 정해 둔 법이 저작권법이야.

만약 누군가의 저작물을 대가 없이 아무나 사용한다면 어떻게 될까? 창작한 사람의 노력이나 비용, 창작을 위해 고민한 시간에 대한 보상은 사라지겠지. 다시 창작할 의욕이 없어지고, 우리의 문화나 기술 등은 발전하지 못할 거야.

또한 공짜라고 게임이나 영화, 프로그램을 함부로 다운로드 하면 안 돼. 동영상의 일부, 짧은 영상, 정지된 화면을 인터넷 게시판에 올리거나 퍼뜨리면 저작권을 위반하게 돼.

그러니 반드시 저작물의 주인에게 허락을 받고, 어떤 사람의 어떤 자료에서 가져온 것인지 표시도 하고, 어떤 자료든 저작권법에 맞게끔 건전하게 활용해야 해. 그래야 너의 저작권도 보호될 수 있을 테니 말이야.

인터넷 세상에서도 지킬 건 지키자

인터넷에서 에스엔에스(SNS)로 친구들과 소식을 주고받는 것은 편리하고 재미있어. 단, 인터넷 공간도 사회의 한 모습이니 지켜야 할 사회 규범이 있단다. 누군가에게 피해를 주는 행동을 법이 나서서 금지하는 건 인터넷 세상에서도 똑같아.

예를 들면 만든 이의 허락을 받지 않은 저작물을 친구들끼리 에스엔에스로 공유하기만 해도 저작권법을 위반하는 행동이야. 허락 없이 누군가의 사진을 유포하면 그 사람의 초상권을 침해하게 되지. 인터넷 게시판에서 욕설이나 남을 함부로 비난하거나 놀리는 글을 봤다면 사이버 폭력으로 신고할 수 있어.

그리고 수신 거부를 해도 광고 메일을 계속 보내거나, 음란물을 보낸다면 정보 통신망법에 의해 처벌할 수 있어. 다른 사람의 정보 역시 함부로 전달해서도 안 돼. 인터넷 공간에서 벌어진 일이라도 온라인뿐 아니라 현실 사회에 영향을 주기 때문에 이렇게 다양한 법이 만들어진 거야.

인터넷 게임에도 법이 적용될까?

친구들끼리 인터넷 게임 많이 하지? 2011년에는 어린이와 청소년의 인터넷 게임 중독이 사회 문제로 떠오른 적이 있어. 그 당시에 청소년의 게임 중독을 막고 건강하게 성장할 권리를 보호하기 위해 '인터넷 게임 셧다운제'를 시행했어. 2022년 1월부터 강제적 게임 셧다운제는 폐지되었지만, 찬성과 반대가 뒤섞이며 국민들의 관심이 쏠렸지.

인터넷 게임 셧다운제는 16세 미만의 청소년이 오전 0시부터 오전 6시까지 인터넷 게임을 할 수 없게 하는 제도야. 이 시간까지 게임을 하면 시력이 나빠지고 잠을 잘 수 없어 건강에 좋지 않다는 의견이 모여 이 제도를 만든 거지. 늦은 시간에는 어린이와 청소년이 나쁜 콘텐츠를 접할 가능성도 많기 때문에 이 제도에 찬성하는 사람이 많았어.

반대로 인터넷 게임 셧다운제가 청소년이 자유롭게 행동할 권리를 침해한다고 생각하는 사람도 있었어. 이 제도에 반대하던 사람들은 헌법 재판소에 헌법 소원을 냈어. 헌법 정신에 어

 굿난 법률로 기본권이 침해된 사람은 그것을 구제해 달라고 청구할 수 있거든. 헌법 재판소는 인터넷 게임 셧다운제가 헌법에 어긋나지 않는다고 결론지었지만 긴 시간 여러 사람의 논의 끝에 결국 폐지되었어.

 이처럼 우리 생활 속에서 벌어지는 일 하나하나가 모여 사회에 영향을 끼쳐. 사람들은 그 안에서 어떤 방향이 바람직한지 끊임없이 토론하면서 권리를 보호할 수 있는 장치를 마련하기도 한단다.

더 알아보기

권리와 권리가 부딪히면 어떻게 해야 할까?

　기본권이 아무리 소중해도 누군가에게 피해를 주는 정도까지 허용되지는 않아. 이런 경우 아무리 권리라고 주장해도 법은 그의 편을 들어주지 않지. 그런데 때로는 어디까지가 권리이고 어디부터가 침해에 해당하는지 명확하지 않은 경우도 있어. 다음 이야기를 통해 생각해 보자.

담배 연기 없이 건강하게 살 권리 vs 담배를 피울 권리

마을 공원을 산책하던 준이는 담배 연기 때문에 힘들었어. 그래서 시청에 공원을 금연 구역으로 지정해 달라고 요청했고, 마침내 그 뜻이 이루어졌어.
그런데 그곳에서 늘 담배를 피우던 나빠끔 아저씨는 속이 상했어. 다시 시청에 금연 구역 폐지를 요청했지. 이런 경우 시청은 누구의 손을 들어 주어야 할까? 준이가 담배 연기 없이 건강하게 살 권리와 나빠끔 아저씨의 담배를 피울 권리가 부딪히고 있어. 때로는 기본권과 기본권, 기본권과 의무 사이에 충돌이 발생하곤 해. 다양한 사람들이 함께 살다 보니 서로의 입장이 다를 수 있지.

권리끼리 부딪히면 어떻게 해결할까?

준이는 공원에서 담배 연기가 없어야 자유롭고 행복한데, 나빠끔 아저씨는 공원에서 담배를 피워야 자유롭고 행복하다고 주장하면 어떤 권리가 우선일까? 둘이 주장하는 자유와 행복은 모두 중요하고 동등한 권리야. 그런데 준이에게는 담배 연기 없이 건강하게 살아갈 권리가 더 있어. 비교하면 준이의 주장이 더 보호되어야 할 거야. 그래도 두 사람의 권리가 조화를 이루는 게 좋겠지? 다른 이에게 피해를 주지 않는 공원 한쪽에 흡연 장소를 두는 것도 나쁘지는 않을 거야. 시청의 현명한 조치를 바라야겠어.

⭐ 알쏭달쏭 낱말 사전

공동체

공동체는 한 사회에서 함께 생활하거나 목적을 이루기 위해 모인 집단을 말해요. 가족, 마을, 국가 등이 공동체에 해당하지요. 그중 가족은 혈연이나 입양 등으로 맺어진 공동체로, 사회에서 가장 기본이 되는 집단이에요.

가족 공동체는 아주 오랜 옛날부터 가장 최소한이자 중요한 공동체였어요. 따라서 가족에 관련된 법과 제도를 잘 갖춰야 사회가 안정될 수 있어요.

사이버 폭력

인터넷 공간에서 다른 사람에게 욕설이나 폭언 등을 하는 행동, 거짓 정보를 퍼뜨리는 행동, 거짓된 글이나 불안한 감정을 느끼게 하는 글을 인터넷 게시판에 반복해서 올리거나 다른 사람에게 전송하는 경우 등이 사이버 폭력에 해당돼요. 다른 사람의 권리를 침해하는 행동이기 때문이지요. 이러한 행동은 관련 법률로 처벌할 수 있어요.

초상권

이름이나 명예와 마찬가지로 자신의 얼굴이나 모습이 다른 사람에 의해 사용되지 않을 권리를 말해요. 헌법에 규정은 없지만, 인격을 가진 존엄한 인간의 권리로서 당연히 인정되는 권리예요.

온라인에서 벌어지는 초상권 침해의 사례를 모으고, 여러 전문가가 모여 이야기하면서 정책을 보완하기도 해요.

콘텐츠

각종 정보나 영상, 음악, 게임 등 다양한 문화 창작물이 인터넷이나 컴퓨터 통신 등을 통해 제공되는 것을 말해요. 문자나 음성, 이미지, 영상 등 다양한 형태로 만들어 인터넷을 활용해 우리에게 제공되지요. 오늘날에는 소비자들이 수동적으로 콘텐츠를 받아들이기만 하지 않고 스스로 새로운 콘텐츠를 만들어 서로 공유한답니다. 이러한 개인적인 창작물에도 저작권이 존재하고 법으로 보호된다는 걸 기억해야 해요.

세계적인 동영상 플랫폼 유튜브는 사용자가 영상 콘텐츠를 시청하는 것뿐만 아니라 동영상을 제작해서 업로드할 수 있는 서비스를 제공하고 있어요. 유튜브에서는 하루에도 수만 개의 새로운 콘텐츠가 생겨나고 있지요.

토론

어떤 문제에 대하여 여러 사람이 각각 의견을 말하며 논의하는 과정을 토론이라고 해요. 특히 정책 토론은 기존 정책 또는 새로운 정책이 우리 사회에 꼭 필요한지 논의하는 과정이랍니다.

정부에서 정책을 만들고 실행했다고 끝나는 게 아니랍니다. 사회 변화를 고려해 토론하고 보완해 나가는 과정이 필요해요.

헌법 소원

헌법의 정신에 어긋나는 법률이나 국가에 의해 기본권이 침해된 사람이 헌법 재판소에 회복이나 구제를 청구하는 것을 말해요. 헌법 재판에서 법이 국민의 인권을 침해한다고 결정되면 잘못된 법은 고치거나 폐지돼요.

헌법 소원을 심판하는 헌법 재판관 모습이에요. 헌법 재판관은 헌법과 법률을 바탕으로 독립적으로 심판할 수 있지요.

헌법 재판소

법이 헌법에 어긋나는지, 국가 권력이 국민의 권리를 침해하는지 등을 심판하는 곳이에요. 법에 정한 내용이 헌법에서 정한 국민의 기본적인 권리에 어긋나는 경우, 이를 바로잡기 위해 만든 국가 기관이에요.

서울시 종로구에 있는 헌법 재판소의 모습이에요. 벽면에는 우리나라 상징인 무궁화가 새겨져 있어요.

헌법 재판소 상징 역시 무궁화 모양을 하고 있어요.

⭐ 도전! 퀴즈 왕

왼쪽에 쓰인 설명을 잘 읽고 알맞은 단어에 줄을 이어 보세요.

1. 헌법에 관한 분쟁이나 이의가 있는 경우 사법적 절차에 따라 이를 해결하는 특별 재판소예요. ● ● ① 헌법 소원

2. 국민이 인간다운 삶을 위하여 필요한 사회 보장 정책을 국가에 요구할 수 있도록 헌법이 정한 기본권이에요. ● ● ② 초상권

3. 자신의 얼굴이나 모습이 다른 사람에 의해 사용되지 않을 권리를 말해요. ● ● ③ 저작권

4. 글, 음악, 게임 프로그램 등 저작물에 관하여 그것을 만든 이가 갖는 권리를 말해요. ● ● ④ 헌법 재판소

5. 헌법이 정한 기본권을 침해했다고 생각하는 국민은 헌법 재판소에 이것을 제기할 수 있어요. ● ● ⑤ 사회권

정답 1-④ 2-⑤ 3-② 4-③ 5-①

④ 법을 적용한 공정한 재판

재판과 인권

재판은 왜 필요할까?

우리 생활 속에 이렇게 많은 법이 있는데도 누군가 너의 권리를 침해하면 어떻게 해야 할까? 네가 "법엔 그렇게 정해져 있지 않아."라고 아무리 주장해도 상대방이 기어이 법을 어기면 어떡하지?

이때 상대방에게 주먹다짐해서는 안 돼. 법은 개인이 싸움으로 문제를 해결하는 것을 원치 않거든. 그건 또 다른 폭력을 낳고 규칙이 없는 혼란으로 나아갈 뿐이니까.

　이럴 때 우리는 재판을 해. 법원에서 법관이 사건에 알맞은 법을 적용하여 판단하는 재판이 있으니 얼마나 다행이야. 법은 재판을 통해 침해된 권리를 회복할 수 있도록 도와줄 거야.

　법원은 법을 적용하여 권리와 의무 관계를 명확하게 알려 주는 역할을 하는 기관이야. 다툼에 관해서 누가 법을 위반했는지도 판단해 주는 국가 기관으로 **사법부**라고도 해. 법원은 대법원과 각급 법원으로 구성되어 있어. 각 법원에서는 사건의 내용에 따라 다른 종류의 재판을 시행하지.

여러 가지 재판

재판은 크게 민사 재판과 형사 재판으로 나눌 수 있어. 두 재판은 어떤 점이 다를까?

김실수 아저씨가 큰일을 저질렀어. 김실수 아저씨는 길을 걸으며 담배를 피우다가 민수네 집 앞에 담배꽁초를 버렸지. 이 담배꽁초 때문에 장미꽃이 활짝 핀 민수네 담장이 타 버렸어. 매우 놀란 데다 손해가 이만저만한 게 아니었어.

이 경우 민수네는 김실수 아저씨를 상대로 법원에 소송을 제기할 수 있어. 담장이 타 버려서 입은 손해를 물어 달라는 소송이야. 법원은 양쪽 이야기를 들어 보고 민수네의 말이 맞다면 김실수 아저씨에게 일정 금액을 물어 주라고 판결을 내릴 거야. 이렇게 개인 사이에 발생하는 문제를 해결하는 재판을 **민사 재판**이라고 해.

그런데 같은 사건이지만 다른 소송도 관련돼. 김실수 아저씨는 형법이 정한 방화에 관한 죄를 저질렀어. 실수로 그랬어도 물건을 태워 여러 사람을 위험에 빠뜨렸으니 '실화죄'라는 범죄에 해당해. 이런 경우 검사는 사회 전체 이익을 대표해서 형사 법원에 소송을 제기할 거야. 범죄를 지은 것이 확실하면 판사는 **형사 재판**에서 판결로 형벌을 내리게 될 거야.

　민사와 형사 이외에 다른 재판도 많아. 행정 재판, 군사 재판, 특허 재판, 선거 재판 등 여러 재판이 있어. 상황에 따라 법원에 알맞은 재판을 요청하고 소송 과정을 거쳐 판결을 얻는 것은 문제를 해결하는 데에 아주 중요한 일이야.

재판 과정과 재판에 등장하는 사람들

재판은 누가 시작하고 어떻게 진행되는 걸까? 크게 민사 재판과 형사 재판으로 나눠 비교해 볼게.

민사 재판은 어느 한쪽에서 문제를 해결해 달라고 법원에 서류를 내면 시작돼. 재판을 해 달라고 요청한 사람을 **원고**라고 하고, 그 반대편에서 소송 당하는 사람을 **피고**라고 하지.

원고와 피고는 증거를 제출하고 질문에 답변하면서 각자 입장을 변론해. 이때 **변호사**가 그들을 대신할 수 있어. 양쪽 이야기를 모두 들은 **판사**가 판결을 내리면 재판이 마무리돼.

형사 재판은 과정이 좀 달라. 신고나 어떤 경로로 범죄 사건을 알게 된 **검사**가 수사를 하고, 범죄자로 의심되는 사람을 상대로 법원에 재판을 청구하면 형사 소송이 시작돼.

형사 소송에서는 범죄를 지었다고 의심받은 사람을 **피고인**이라고 해. 법을 잘 모르는 피고인도 변호사를 두어 검사와 대등하게 자기의 입장을 방어하고 유리한 주장을 펼칠 수 있어. 만약에 가난해서 변호사를 선임하지 못하는 경우에는 국가가 무료로 변호사를 선임할 수 있게 도와줘.

검사는 피고인이 무슨 죄를 저질렀는지에 관해 증거를 내세워 질문을 하며 조목조목 따질 거야. 이때 피고인은 열심히 자기를 변호하겠지. 양쪽의 모든 이야기를 들은 판사가 마지막에 판결을 내리면 그것으로 형사 재판은 끝을 맺게 돼.

억울한 사람은 없어야지

피고인은 범죄를 저지른 것으로 의심을 받아 재판을 받게 되었지만 그도 존엄한 인간이야. 만에 하나라도 억울한 처벌을 받아서는 안 될 거야. 그러기 위해서는 공정한 재판이 필수야. 이를 위해 우리 법과 법원은 어떤 노력을 기울이고 있을까?

형사 재판에서는 범죄를 지은 것으로 의심되는 사람이라도 무죄일 수 있다는 생각을 바탕에 두고 재판을 진행해야 해. 이를 **무죄 추정의 원칙**이라고 해. 정말 확실한 유죄 증거에 의해 마지막 판결이 나기 전까지는 유죄라고 단정하면 안 된다는 말이지. 의심만으로 사건을 판단할 수 없게 하기 위해서 필요한 제도야.

묵비권이라는 제도도 있어. 범죄를 저질렀다고 여겨지는 사람이라도 그에게 불리한 이야기를 거부할 수 있어. 검사나 경찰도 범죄 사실을 인정하라고 강요할 수 없어.

무죄 추정 원칙이나 묵비권 같은 제도는 왜 만들었을까? 범죄를 지은 것으로 의심되는 사람이라도 그 사람의 인권은 소중하기 때문이지.

　또한 공정한 재판을 위해서 법원은 다른 기관과 독립되고 법관은 어느 편에도 치우치지 않고 중립적이어야 해. 법관은 국가 기관이나 여론의 간섭을 받지 않고 오로지 헌법과 법률에 의해 양심에 따라 재판할 수 있어야 하지.

　공정한 재판을 위해 재판의 심리와 판결 같은 재판 과정은 투명하게 공개하는 것이 원칙이야. 그래서 재판 당사자뿐만 아니라 일반 시민도 법정에 들어가 재판의 심리나 판결을 보고 들을 수 있지.

잘못된 판결이 되지 않도록

법원을 믿고 공정한 재판을 기대했지만 법관도 사람인 이상 잘못된 판결을 내릴 수 있잖아? 그런 가능성을 최소화하여 공정한 재판이 이루어지도록 1심, 2심, 3심 법원으로 올라가며 세 번에 걸쳐 재판을 받을 수 있어.

삼심제라고도 하는 이 제도는 조선 시대에도 존재했어. 세종 대왕은 재판을 담당한 관리들에게 "정백허심하라."라고 명하였어. 죄를 지은 사람에게 형벌을 내릴 때 '세밀하게 조사하고, 신

중하게 결정하도록' 한 것이지. 특히 사형과 같은 형벌의 경우 반드시 세 번의 재판을 거치도록 했어. 백성들의 인권을 중시하고 생명을 존중하는 뜻이 담겼지.

이외에도 법관은 명백한 증거에 의해 판결을 내려야 해. 이를 **증거 재판 주의**라고 해. 법관이 편견을 가지고 추측이나 마음속 증거로 판단을 내리면 억울한 사람이 생기겠지.

재판은 예나 지금이나 인권과 밀접하게 관련되어서 아주 중요하게 여겨지고 있어. 결국 공정한 재판을 통해 법의 목적인 정의를 이루려는 거야.

더 알아보기

 법을 다루는 국가 기관과 직업

우리나라에서 법을 다루는 여러 국가 기관은 다양하고 맡은 일도 서로 달라. 이름만 봐서는 너무 헷갈릴 거야. 법원이나 법무부는 같을까? 법제처도 있다는데 이건 또 뭐지? 궁금증을 하나하나 풀어 보자.

법원

법원은 앞에서 보았듯이 사람들이 소송을 제기하는 사건에 관해 법관이 판결을 내리는 곳이야. 사법부에 속하지. 판사 혹은 법관은 법원에 소속되어 분쟁이 있는 사건에 관해 살펴보고, 양쪽의 의견을 조정하거나 재판을 주관하여 판결을 내리는 사람이야.

헌법 재판소

헌법 재판소는 헌법과 관련된 재판을 하는 특별 재판소야. 입법, 사법, 행정에서 독립된 제4의 국가 기관이지. 법률이 헌법을 위반하지는 않는지 심사하여 판결을 내리고, 특정 공무원이 헌법이나 법률에 거스르는 행동을 한 경우 탄핵 판결을 내리기도 해. 이외에도 민주적 질서를 위반한 정당을 해산하거나 국민이 헌법에 어긋나는 명령이나 처분 등으로 기본권을 침해받았을 때 처분을 취소해 달라고 청구하면 심판해 주기도 하지. 헌법 재판을 담당하는 이들을 헌법 재판관이라고 해.

법무부

법무부는 행정부에 속하는 중앙 행정 기관이야. 검찰의 업무, 교도소 행정, 인권 관련 업무와 출입국 업무를 담당해.

법제처

법제처는 국무총리 소속으로 법무부와는 별도의 중앙 행정 기관이야. 정부에서 어떤 법률이나 명령을 만들면 좋을지 살펴보는 곳이지. 법제관이 서로 다른 법 사이에 충돌은 없는지 해석하고 살펴보는 업무를 담당해.

검사

검사는 수사를 진행하고 법원에 범죄자의 처벌을 구하는 형사 소송을 담당하지. 검사는 공익을 대표하여 수사를 하고 법원에 범죄자의 심판을 구하는 역할을 해.

나는 수사와 소송을 담당하는 검사!

변호사

국가 기관이 아니면서 법을 다루는 사람은 누가 있을까? 바로 변호사야. 변호사는 재판에서 피고나 원고를 대신하여 변론을 하고 법이 정한 법률 업무를 담당하는 사람이야.

법을 잘 아는 제가 도와드릴게요.

★ 알쏭달쏭 낱말 사전

사법부

대법원 및 고등 법원, 지방 법원, 특수 법원 등 그 관할에 속한 모든 기관을 이르는 말이에요. 실제 사건에서 법을 적용하여 판단하는 역할을 해요. 사법부의 최고 직위를 맡은 사람은 대법원장이에요. 입법부인 국회는 국가를 다스리는 법을 만들고, 행정부인 정부는 법에 따라 국가 살림을 하고, 사법부인 법원은 법에 따라 재판을 하면서 국가 권력을 나누어 맡아요. 이를 삼권 분립이라고 해요.

서울시 서초구에 있는 대법원의 모습이에요. 대법원은 최고 심판권을 가지고 있답니다.

삼심제

공정한 재판이 되도록 하나의 사건에 대하여 세 번의 재판을 받을 수 있는 제도를 말해요. 1심은 지방 법원, 2심은 고등 법원이나 지방 법원 합의부에서 담당해요. 그리고 최종적으로 3심은 대법원의 판결로 확정되지요.

2심을 담당하는 고등 법원은 서울, 대전, 대구, 부산, 광주, 수원까지 여섯 개 도시에 설치되어 있어요.

소송

법률상의 판결을 법원에 요구하는 것이나 그러한 절차를 말해요. 소송은 민사, 형사, 행정, 선거 소송 등으로 나뉘어요. 민사 사건은 원고가 피고를 상대로 법원에 소를 제기하면 시작돼요. 형사 사건에서는 기소, 즉 검사가 법원에 공소를 제기하는 것으로 시작돼요.

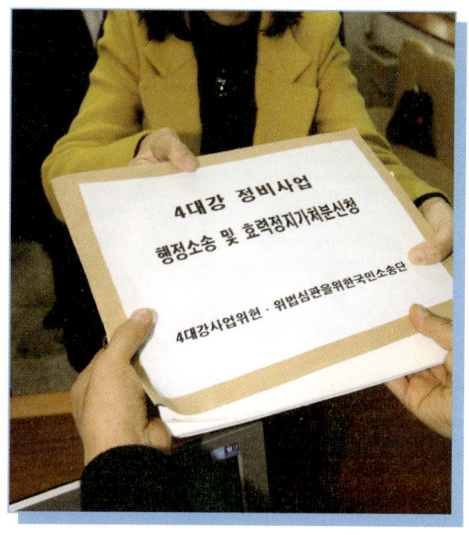

정부에서 벌인 4대강 사업에 반대하는 시민 단체가 행정 소송을 진행하기 위해 소장을 제출하고 있어요.

심리

재판의 기초가 되는 사실 관계나 법률관계를 명확하게 하기 위해 법원이 증거나 방법 등을 심사하는 걸 말해요. 재판 심리라고도 해요. 뉴스에서 나오는 '공판을 심리했다.'라는 말은 검사, 피고인, 변호인 들이 있는 자리에서 그들이 제시한 증거로 법원이 무죄인지 유죄인지 판단하는 절차를 진행했다는 이야기예요.

증거

법원이 재판의 기초가 될 사실을 인정하기 위해 필요한 것들을 증거라고 해요. 증인이나 재판 당사자의 진술이 증거가 될 수도 있고, 범죄에 사용한 물건이나 훔친 물건 등이 증거가 될 수도 있어요. 범죄 현장의 지문, 발자국 등을 증거로 채택하기도 한답니다.

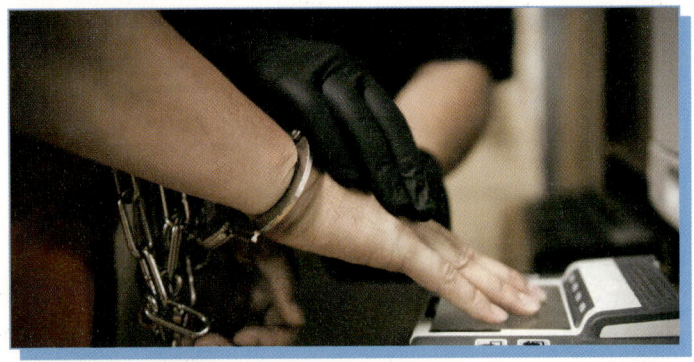

손가락 끝마디 안쪽에 있는 지문은 사람마다 다르고 모양이 평생 변하지 않아요. 그래서 사람의 신원을 확인하거나 범죄 수사의 단서로 사용할 수 있지요.

산불의 시작 지점에서 경찰, 국립 과학 수사 연구원, 산림청 관계자가 모여 화재 원인을 밝히기 위해 증거를 찾고 있어요. 한 사건의 원인을 밝히기 위해서는 여러 기관이 모여 합동으로 일을 진행하기도 해요.

판결

법원 혹은 헌법 재판소가 소송 사건에 대해 당사자들의 주장을 듣고 누구의 주장이 옳고 그른지 살펴보고 판단하여 결정하는 것을 말해요. 민사 재판에서는 법정 형식에 맞춰 당사자에게 선고하고, 형사 재판에서는 법원이 피고인에게 유죄인지 무죄인지 등을 선고해요.

법원에서는 상황에 따라 인터넷 화상 장치를 통해 원고와 피고 측 증인을 신문하기도 해요. 사건에 관련된 사람들을 말로 물어 조사하는 일은 판결에 직접적인 영향을 미치므로 원격 영상을 통해서라도 꼭 해야 해요.

★ 도전! 퀴즈 왕

자음만 보고 알맞은 단어를 맞혀 보세요.

1. ㅂㅇ은 법을 적용하여 권리와 의무 관계를 명확하게 알려 주는 역할을 하는 기관이에요. 다툼에 관해서 누가 법을 위반했는지도 판단해 주는 기관이지요.

   ㅂ ㅇ

2. 공정한 재판을 할 수 있도록 법원을 1심, 2심, 3심으로 나누어서 세 번에 걸쳐 재판을 받을 수 있는 제도를 ㅅㅅㅈ라고 해요.

   ㅅ ㅅ ㅈ

3. 개인 사이에 발생하는 재산, 신분 등의 문제를 해결하기 위해서 ㅁㅅㅈㅍ을 해요.

   ㅁ ㅅ ㅈ ㅍ

4. 재판에서는 반드시 ㅈㄱ를 바탕으로 판결을 내려야 해요. 법관은 편견을 가지고 추측하거나 ㅈㄱ 없이 판단을 내려서는 안 돼요.

   ㅈ ㄱ

5. 공정한 재판을 위해서 법원은 다른 기관과 ㄷㄹ되고, 법관은 어느 편에도 치우치지 않고 중립적이어야 해요.

   ㄷ ㄹ

정답: 1. 법원 2. 삼심제 3. 민사 재판 4. 증거 5. 독립

⑤
살아 움직이는 법

시민 참여와 법의 변화

입법에 참여하고 싶다면?

일상생활을 하다 불편함을 느낀 부분에서 정말 필요하고 좋은 법이 생각나면 어떻게 하면 좋을까?

대한민국 헌법은 국민의 **청원권**을 보장하고 있어. 이를 근거로 주권자인 국민은 법을 만드는 **입법**에 참여할 수 있어. 정부에 국민 청원을 해서 정부가 국회에 법률안을 제출하도록 하는 방법으로 참여하지. 또한 5만 명 이상이 동의했다는 자료를 바탕으로 국민이 직접 국회에 입법 청원을 할 수도 있어.

　입법 청원이 정부에 들어오면 어떤 절차를 거쳐 법이 만들어질까? 정부에서는 먼저 입법에 관한 계획을 세워. 그리고 법안을 만들어 관계된 기관과 협의하고, 입법할 것을 국민에게 알려. 이를 입법 예고라고 해.

　법안은 법제처와 국무 회의에서 심사하며 토의를 거쳐. 그리고 대통령의 서명을 받아 국회에 제출하게 돼. 국회에서 검토하고 논의한 법안이 국회 의결을 통과하면 거의 다 된 거야. 이제 법안이 정부로 돌아오면 정부는 새로운 법이 만들어졌다고 국민에게 알리게 돼. 비로소 우리가 바라던 법이 만들어져 시행되는 거야.

애써 만든 법을 고쳐야 한다면?

사회는 계속해서 변화하기 때문에 시간이 지나면 오래전에 만든 법이 오늘날 상황에 맞지 않을 때가 있어. 그럴 땐 변화한 상황에 맞게 법을 고치지. 물론 사회가 변화한다고 해서 그때마다 바로 법을 고칠 수는 없어. 법을 자주 바꾸면 사람들은 '언제 법이 바뀌었지?' 하며 혼란스러워하지. 또 '어차피 곧 바뀔 텐데.' 하며 법에 대한 신뢰가 떨어질 수 있어. 사회의 변화가 어느 정도 확실하고, 많은 사람이 '이젠 이 낡은 법을 고치는 게 좋겠어.' 하고 생각했을 때 절차에 따라 고치는 거야.

이렇게 법을 고치는 절차를 개정이라고 해. 개정은 법률이나 명령, 조례 등을 고치는 거야. 학교 앞을 지나는 차들이 시속 30킬로미터의 속도 제한을 받게 된 것도 도로 교통법을 개정하면서 생겨난 일이야. 법률은 일정 인원수의 국회 의원들이 개정안을 내거나 대통령이 제안하고 국회에서 논의해 고칠 수 있어.

법 중에서 헌법을 고치는 것은 개헌이라고 해. 헌법은 가장 중요한 법이라서 함부로 고칠 수 없어. 반드시 국민 투표로 국민의 의사를 물어야 해. 국민 주권이 중요한 헌법 원칙인 우리나라에서 당연한 절차라고 할 수 있어.

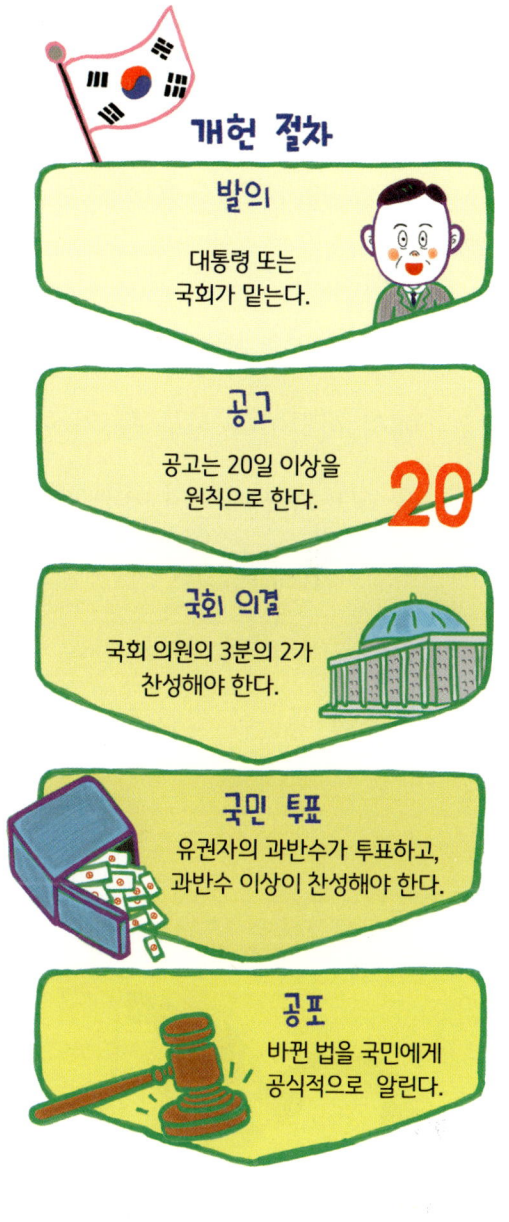

개헌 절차

발의
대통령 또는 국회가 맡는다.

공고
공고는 20일 이상을 원칙으로 한다.

국회 의결
국회 의원의 3분의 2가 찬성해야 한다.

국민 투표
유권자의 과반수가 투표하고, 과반수 이상이 찬성해야 한다.

공포
바뀐 법을 국민에게 공식적으로 알린다.

아예 없어진 법도 있을까?

아무리 법을 고쳐도 사회와 맞지 않는 경우엔 법을 없앨 수밖에 없어. 이런 과정을 **법의 폐지**라고 해.

예전에 '호적법'이라는 법이 있었어. 호주를 중심으로 가족 안에서 서열이나 신분 등 가족 관계를 정한 법이야. 호주는 가족을 대표하고 가족의 어떤 행동에 대한 권한을 갖는 사람이지.

호적법에 따르면 이런 중요한 권한을 갖는 호주는 남자가 우선이었어. 아빠, 엄마, 아들 중에 호주인 아빠가 죽으면 호주는 무조건 아들이 되었어. 아들이 갓난아이라도 엄마는 호주가 될

수 없었지. 가족이 중요한 일을 결정할 때 법적으로 엄마는 호주인 아기에게 동의를 얻어야 하는 어처구니없는 상황까지 벌어졌어.

호적법과 호주제가 헌법의 평등 원칙을 어겼다고 생각한 사람들이 헌법 소원을 제기했어. 헌법 재판소는 호적법이 헌법에 어긋난다는 결정을 내렸지. 2008년부터 호적법은 폐지되었고 이를 대체할 '가족 관계 등록에 관한 법률'이 생겨났어.

잘못된 법이라도 법이 정한 절차에 의해 폐지되거나 고쳐지기 전까지는 효력이 있어. 그래서 우리는 법에 더 많은 관심을 가져야 해. 법이 사회에 잘 맞는지 앞으로 어떤 법이 필요한지 늘 깨어 살펴야 해.

국제 관계의 변화에 맞춰 달라지는 법

　달라진 세상에 걸맞은 법을 만들려는 노력은 전 세계 어디서나 마찬가지야. 나라와 나라 사이의 법이야말로 살아 움직이는 법이라 할 만해. 변화하는 세계의 상황에 걸맞게 각 나라마다 관계가 수시로 변하기 때문에 국제적인 이익이나 다툼에 맞게 합리적으로 약속을 정하지.

　이렇게 나라와 나라끼리 약속을 맺는 걸 **협약**이라고 해. 이 협약이 바로 **국제법**이지. 물건을 수입할 때 무는 세금이나 범죄인이 다른 나라로 도망갔을 때 붙잡아서 그 나라로 보내 주는 절차도 협약으로 맺어. 해외여행을 하는 자기 나라 국민을 보호하는 협약을 맺기도 해.

　요즘엔 전 세계적으로 환경 문제가 심각해서 환경에 관한 국제법이 더욱 중요해졌어. 중국 공장 굴뚝에서 발생하는 오염 물질이나 바다에 버려지는 일본의 원자력 쓰레기 등 이웃 나라에 큰 피해를 줄 수 있는 행동을 막아야 하기 때문이야.

　국제법과 국제 관계에서는 **국제기구**의 역할이 매우 중요해.

우리는 여러 국제기구에 가입해서 국가의 위상을 높이고 다른 나라와 협력해서 세계 어디서든 우리 국민을 보호하고, 세계인의 인권을 보호하려고 노력하고 있단다.

미래에 만날 새로운 법

 미래 사회에 새로운 과학 기술이 등장하면 법은 어떤 모습일까? 미래 어느 날 집에 아기 돌보는 로봇을 하나 들였다고 치자. 그런데 그 로봇이 살짝 고장이 났네. 못 쓸 것 같아 밖에 내다 버렸는데, 길을 돌아다니던 로봇이 아기만 보면 쫓아가서 괴롭혀. 이런 로봇이 사람들에게 해를 끼치면 사회적으로 문제가 되지 않겠어?

 아마도 미래 사회엔 로봇의 제조와 관리에 관한 법이 등장할

거야. 아직 이런 로봇에 관련된 구체적인 법은 없지만, 과학자와 법률가뿐 아니라 우리 모두 로봇에 관한 윤리나 법적인 문제를 고민해야 할 시점이야.

로봇뿐이겠어? 앞으로 온라인 교육이 활성화된다면 브이알(VR, 가상 현실)로 진행된 수업이 정규 교육 과정으로 인정되는 법이 생기지 않을까? 드론 택시가 다른 사람의 건물 위를 지나간다면 그 건물 주인에게 이용료를 내야 한다는 법은 어때? 미래 사회의 법률 이야기는 무궁무진할 거야. 새로운 세상을 꿈꾸는 만큼 자유롭게 미래의 법을 상상해 보면 재미있겠지?

우리 모두 법의 수호자

우리는 다양한 영역에 꼭 맞는 법을 되도록 잘 만들고 고치면서 살아가고 있어.

그런데 아무리 예쁘고 잘 만든 좋은 옷이라도 안 입으면 소용이 없는 것처럼, 법은 우리가 잘 지킬 때 빛이 나. 우리 각자가 법을 잘 지킬 때 사회가 잘 유지되고, 개인의 자유와 안전이 보장되고 행복한 삶을 누릴 수 있지.

우리가 법을 지키지 않는다면 다른 사람의 권리를 침해할 수 있어. 나아가 사회가 어지러워질 수 있겠지. 그러니 법은 정하는 것보다 지키는 게 더 중요하겠지? 우리 모두를 위해서 법만큼은 꼭 지켜야 할 이유가 여기 있어.

사람들이 법을 소중히 여기고 잘 지킬 때 우리는 사회의 주인으로서 당당할 수 있는 거야. 법 없이도 살아갈 수 있을 때까지 우리는 법의 수호자라는 걸 잊지 말아야 해.

> 더 알아보기

나도 법을 만들 수 있을까?

혹시 만들어졌으면 좋겠다고 생각해 왔던 법이 있어? 기발한 너의 상상이 법이 되어 사람들이 모두 실천하면 좋지 않을까? 발명품처럼 네가 법을 발명하는 것이지. 어렵다고? 좀 엉뚱해도 괜찮아. 바라는 것이 있으면 마음껏 생각해 봐.

상상력에서 출발하는 법!

학교에서 어려운 과목을 게임으로 만들어야 한다는 법은 어때? 단원 평가는 게임의 퀘스트를 통과하는 방식으로 진행하는 학교법을 만드는 거야. 그럼 공부가 게임 같아서 재미있고 능률도 오를 것 같지 않아?

사람을 다치게 한 동물을 재판하는 법은 어떠냐고? 그것도 좋은 생각이네. 일단 절차나 가능성이 있을지 고민하는 건 접어 두고 떠오르는 대로 적어 두는 거야.

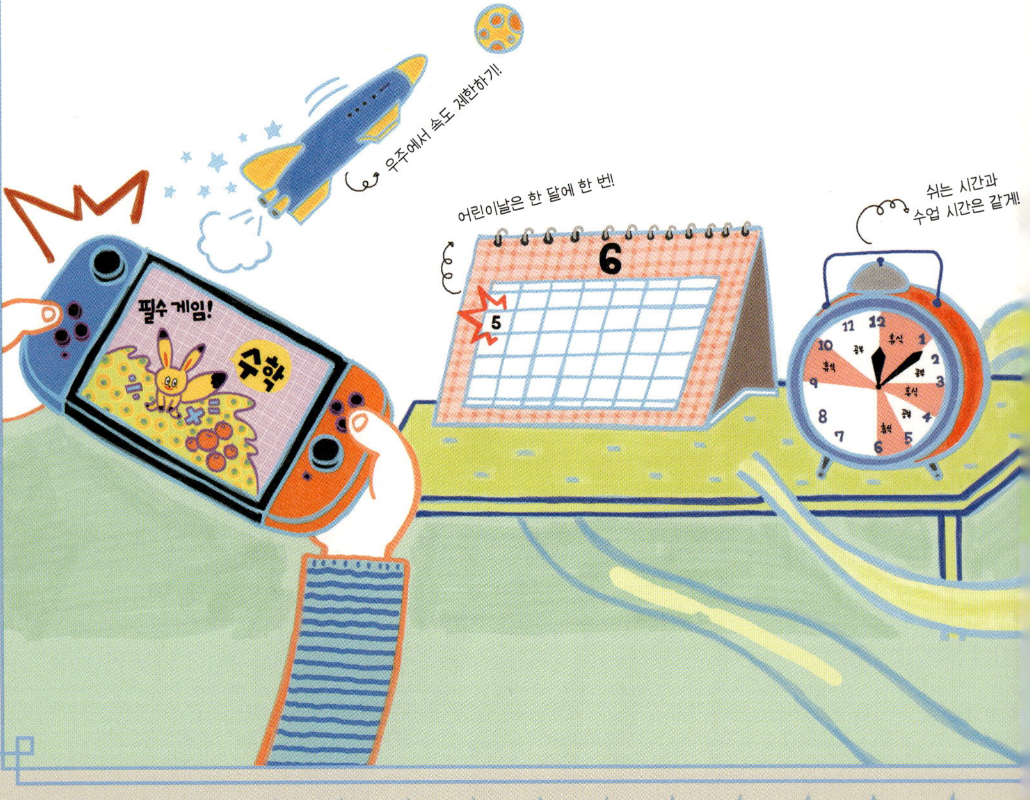

상상을 실현할 수 있게 도와줄 곳은 여기!

법에 관해 자유롭게 생각하고 친구들과 꼭 이야기 나누어 봐. 좀 엉뚱한 것 같아도 사회를 바꿔 줄 멋진 생각이 될지도 모르잖아. 그리고 용기를 내어 법제처에 문의도 해 보고, 국회에 입법 청원을 해 보면 법과 사회를 알아 가는 데 도움이 될 거야. 이런 체험을 통해 우리가 꼭 기억할 것은 하나야. 법은 우리 사회 구성원이 지키기로 정한 약속이라는 것! 그러니 사람들이 '이런 법은 정말 필요하겠어.'라고 고개를 끄덕인다면, 새로운 법을 만드는 일이 어렵지만은 않을 거야.
구체적인 내용이 더 궁금하다면 대한민국 어린이 국회(child.assembly.go.kr)와 어린이 법제처 홈페이지(www.moleg.go.kr/child)에 들어가 봐. 다양한 정보도 얻고 프로그램에도 참여할 수 있어.

⭐ 알쏭달쏭 낱말 사전

국무 회의

정부가 주요 정책을 심의하는 최고 정책 심의 기관이에요. 대통령 및 국무총리와 15명 이상 30명 이하의 국무 위원으로 구성되어요. 대통령이 의장, 국무총리가 부의장이 되어 회의를 진행해요. 국무 회의에서 합의해야 할 사항은 국무 위원들의 다수결을 통해 결정해요.

대통령을 의장으로 하여 국무 회의를 진행하고 있는 모습이에요. 대한민국 주요 정책이 논의되는 자리랍니다.

국민 투표

국민 투표는 헌법을 개정하는 등 국가의 중요한 일에 국민의 표결을 붙여 결정하는 방식이에요. 주권자인 국민은 국회 의원이나 대통령 등을 뽑는 선거 말고도 국민 투표를 통해 국가의 중요한 결정에 국민의 의사를 전달할 수 있어요.

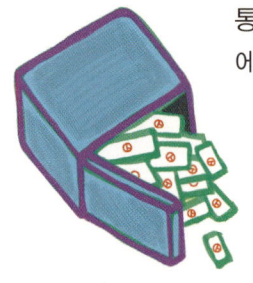

국제기구

국제기구는 나라 사이에 일어나는 다양한 일들을 해결하기 위해 만들어졌어요. 대표적인 국제기구로는 국제 연합(UN)이 있지요. 전 세계가 정치적, 경제적으로 촘촘하게 얽혀 있기 때문에 협력해야 할 일들이 점점 더 많아져요. 따라서 국제기구를 통해 나라와 나라 사이에 벌어지는 일들을 함께 논의해서 해결하려고 노력하고 있어요. 세계 보건 기구(WHO), 경제 개발 협력 기구(OECD), 국제 연합 교육 과학 문화 기구(UNESCO) 등 분야별로 나뉘어 있답니다.

유엔 총회 회원국 정상 회의에서 반기문 전 유엔 사무총장이 개막 연설을 하고 있어요. 국제 사회의 안전과 평화를 위해서 전 세계가 노력해 줄 것을 호소하고 있지요.

국회 의결

국회에서 회의한 법안을 결정하는 절차를 말해요. 국회에서 의결할 때에는 국회 의원의 절반 이상이 출석해야 하고 출석한 의원의 절반 이상이 찬성해야 통과할 수 있어요.

국회에서 국회 의결을 진행하는 모습이에요. 국회 의결을 통과해야 새로운 법이 만들어질 수 있지요.

입법 예고

국민의 일상생활과 직접 관련된 법령안의 내용을 국민에게 예고하는 제도예요. 국민이 입법에 참여하는 기회를 넓히고, 법령이 시행됐을 때 효과를 높이기 위해 만들어졌어요. 새로운 법을 만들거나 법을 개정하기 전에 공식적인 자리에서 언론을 통해 국민들에게 알리지요.

반려 동물의 법적 지위를 물건이 아닌 생명으로 인정하는 내용으로 법을 개정한다고 입법 예고를 하는 모습이에요.

입법 청원

국민이 직접 국회에 법률을 제정하거나 개정 혹은 폐지에 관해 요청하는 것을 말해요. 입법 청원은 국민이 직접 문서로 의견을 전달하는 국민 청원을 통해 제출하거나 국회 의원의 소개를 받아 문서로 제출할 수도 있어요. 2020년부터는 전자 청원 시스템을 통해 온라인으로 좀 더 간편하게 청원을 할 수 있게 되었어요.

많은 국민이 원하는 법을 만들거나 고치기 위해서 많은 수의 입법 청원이 모였다는 걸 정부에 알리는 모습이에요.

청원권

국민은 기본권을 위해 국가에 어떤 일을 해 달라고 요구할 권리인 청구권이 있어요. 국가 기관에 문서로 희망 사항을 요청할 수 있는 권리인 청원권은 헌법에 보장된 기본권인 청구권 중 하나지요. 국민은 법이나 규칙을 새롭게 만들어야 하거나 공무원의 잘못을 바로잡아야 할 때 국가 기관에 요청할 수 있어요.

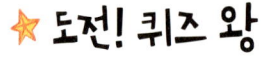
도전! 퀴즈 왕

아래 내용을 잘 읽고 맞으면 ○, 틀리면 ✕를 표시하세요.

1. 일반 국민은 입법에 참여하는 방법이 없어요. 국민 청원이나 입법 청원은 국회 의원만 할 수 있는 일이에요. (   )

2. 잘못된 법이라고 생각되면 지키지 않아도 괜찮아요. (   )

3. 각 나라마다 관계가 수시로 변하기 때문에 국제적인 이익이나 다툼에 맞추어 협약을 맺어요. (   )

4. 새로운 과학 기술이 발달하거나 사회가 변화하면 그에 맞춰 새로운 법을 만들어요. (   )

5. 법을 소중히 여기고 잘 지킬 때 우리는 사회의 주인으로서 당당할 수 있어요. (   )

정답 1.✕ 2.✕ 3.○ 4.○ 5.○

●사진 제공_ 연합뉴스, Wikipedia

글쓴이 **홍경의**

우리 역사와 법학을 전공했다. 말과 글로 세상 이야기를 들려주는 일을 하고 있다. 재미와 의미를 찾아 지은 책으로는 『오래된 꿈』, 『독수리 오남매, 법률가를 만나다』, 『반짝반짝 빛나는 해결법』, 『우리가 꼭 알아야 할 판결』, 『역사 속 우리 법 이야기』, 『조선의 여행가 김금원』, 『사회는 쉽다 7 지방 자치』 등이 있다.

그린이 **임광희**

대학에서 시각 디자인을 전공하고 한국 일러스트레이션 학교(HILLS)에서 공부했다. 쓰고 그린 책으로 『가을 운동회』가 있고, 그린 책으로 『여기는 바로섬 법을 배웁니다』, 『우당탕탕! 우리 동네 법 대장 나준수가 간다!』, 『홍길동전』, 『방귀 시합』 등이 있다.

13 법과 우리 생활

사회는 쉽다!

1판 1쇄 펴냄 2022년 12월 20일
1판 4쇄 펴냄 2024년 4월 8일
글 홍경의 그림 임광희
펴낸이 박상희 **편집장** 전지선 **편집** 최민정, 고양이 **디자인** 정다울
펴낸곳 ㈜비룡소 출판등록 1994. 3. 17.(제16-849호)
주소 06027 서울시 강남구 도산대로1길 62 강남출판문화센터 4층
전화 02)515-2000 **팩스** 02)515-2007 **홈페이지** www.bir.co.kr
제품명 어린이용 반양장 도서 **제조자명** ㈜비룡소 **제조국명** 대한민국 **사용연령** 3세 이상

ⓒ 홍경의, 임광희 2022. Printed in Seoul, Korea.

ISBN 978-89-491-2513-8 74300 / 978-89-491-2500-8(세트)